L'ART OFFICIEL

ET

LA LIBERTÉ

SALON DE 1861

PAR

HENRY FOUQUIER

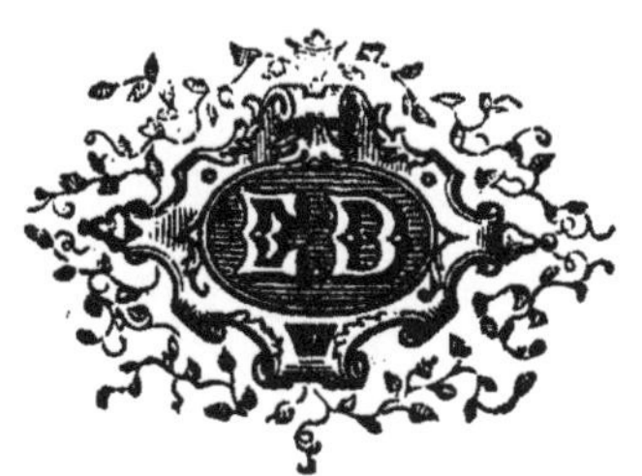

PARIS
E. DENTU, ÉDITEUR
LIBRAIRE DE LA SOCIÉTÉ DES GENS DE LETTRES
PALAIS-ROYAL, 13 ET 17, GALERIE D'ORLÉANS

1861

L'ART OFFICIEL

ET

LA LIBERTÉ

PARIS
IMPRIMERIE DE L. TINTERLIN ET Cᵉ
3, RUE NEUVE-DES-BONS-ENFANTS.

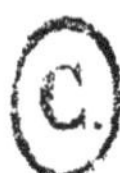

L'ART OFFICIEL

ET LA LIBERTÉ

SALON DE 1861

I

Depuis l'Exposition de 1855, résumé à peu près complet du travail d'un quart de siècle, brillant par certains côtés, attristant par d'autres, mais toujours intéressant et plein de leçons dont on ne paraît pas avoir profité, l'intérêt des expositions officielles de peinture n'a fait que décroître. Les artistes les plus en renom s'en éloignent, donnant un exemple qui sera suivi. Pour ne citer que les plus connus, MM. Ingres, E. Delacroix, Horace Vernet, Robert Fleury, Henry Scheffer, Cabat, J. Dupré, Diaz, Isabey, Troyon, Couture, Rosa Bonheur, n'exposent pas cette année.

1.

La plupart de ceux qui s'abstiennent se plaignent de l'éclat excessif, de la mauvaise distribution du jour, et surtout du voisinage des toiles à effet, des décors peints en vue de l'exposition, qui nuisent aux œuvres précieuses et les écrasent. Ils disent, avec raison, qu'au Salon il est plus important de crier fort que de parler juste, et qu'au milieu des batailles, des paysages et des natures mortes de vingt pieds de haut, des assassinats, des massacres, un tableau modeste d'allures et recueilli est perdu, comme une chanterelle au milieu d'un orchestre militaire. Mais ces raisons, toutes tirées de considérations matérielles, ne sont pas les seules. Les artistes pressentent avec justesse que les expositions bis-annuelles, entravées par le jury, inondées d'œuvres commandées, ne seront bientôt plus l'expression exacte des progrès accomplis par la peinture d'année en année, et ne représentent déjà plus l'art français, avec ses tendances, ses essais, ses aspirations, mais bien plutôt l'art selon l'Institut et le ministère d'Etat, ce qui n'est pas la même chose. Aussi leurs œuvres prennent-elles de préférence le chemin de l'Exposition du boulevard des Italiens, première étape vers l'exposition libre où tendent nos vœux, tentative très-imparfaite, mais pourtant remarquable, d'une nouvelle organisation.

Cependant la foule se porte encore, nombreuse et variée, vers le disgracieux palais des Champs-Élysées; mais ses sentiments ne sont plus les mêmes qu'autrefois. Aujourd'hui, les peintres refusés vont chercher au Salon, et presque toujours y trouvent, des toiles plus mauvaises que les leurs: les gens du monde vont y sourire et les jeunes gens y rire tout haut. Les femmes s'occupent beaucoup de M. Dubufe, et, rêveuses, songent aux bals prochains et à des toilettes nouvelles; la foule y admire des images, s'intéresse à quelque innocent persécuté, tout comme au boulevard, et goûte les satisfactions béotiennes qu'elle cherche et les seules auxquelles on l'initie; les étrangers vont voir le portrait de l'Impératrice, par M. Winterhalter; les vieux militaires discutent manœuvres devant les tableaux de M. Jumel de Noireterre, et passepoils et sabretache devant ceux de M. Yvon; les lorettes cherchent M. Gautier, habillé en poëte romain, couronné de lauriers, les cheveux ondulés et dénoués sur la chlamyde; les malheureux critiques, enfin, ennuyés et ne sachant que dire d'œuvres qui n'ont de valeur que par une certaine habileté de brosse, font le compte des lignes qu'ils pourront écrire en parlant d'autre chose que des tableaux offerts à leur jugement. Y a-t-il là un reflet, même affaibli, des préoccupations sérieuses qui poussaient autrefois la foule au Salon, quand Ingres, Delacroix, Decamps, Delaroche, Ary Scheffer, Corot, y essayaient de nouvelles formules ou d'habiles reconstructions et de savantes assimilations d'un passé glorieux? Y a-t-il même quelque chose qui ressemble à la curiosité ardente, à l'esprit de lutte qui la conduisait à cette mémorable exposition de 1849, où l'on a si bien ri des choses ridicules et si bien admiré les belles ; où l'on a, à travers de mauvaises œuvres, j'en conviens, trouvé Théodore Rousseau, et d'autres encore, qu'on ignorait de par le jury?

II

Le jury ! voilà un mot bien gros d'orages ! Depuis quinze jours les malédictions pleuvent sur l'Institut, et des cris de guerre parcourent les ateliers. Les peintres ajournés et les poëtes sans éditeur sont également connus pour manquer de modération. Je ne m'associerai pas à leurs colères, trouvant qu'ils ont

> Le tort énorme,
> Ayant au fond raison, d'avoir tort dans la forme.

Ce ne sont pas des plaisanteries et des couplets, fussent-ils charmants, qui détruiront la royauté du jury. Je ne suis pas d'avis qu'il soit absolument nécessaire, comme cela faillit arriver pour Milon et Cochin (1), de promener M. Jongkind sur les épaules de

(1) Diderot, *Correspondance.*

M. Signol ; il faut détrôner l'autocrate Institut ; mais il faut le faire tranquillement, sans injures, par l'association et la presse. C'est un vieillard méchant par impuissance ; ne nous jetons pas sur lui pour le renverser, ce serait trop ; poussons-le doucement, cela suffira.

Nous n'avons, — et nous espérons que le lecteur nous en tiendra compte par le temps qui court, — aucune prétention d'émettre des idées nouvelles. L'art officiel, heureusement, a rencontré de rudes adversaires, aussi convaincus et plus autorisés que nous. Mais aucun écrit spécial n'a encore appelé l'attention du public sur les conditions de liberté ou de protection où vit l'art moderne. Notre seul but est de rassembler ici quelques faits acquis à son histoire, et de poser quelques questions, graves pour son avenir. Le lecteur trouvera dans ses souvenirs de 1849, et dans ses impressions du Salon de 1861, les éléments nécessaires pour les résoudre toutes.

III

C'est une curieuse histoire que celle du rôle du jury, et de la protection dans l'art, spécialement dans la peinture. Il suffit de la connaître, même superficiellement, pour démentir les hommes qui ont intérêt à confondre les questions, qui assimilent mal à propos le jury des beaux-arts au jury criminel, et prétendent qu'il faut garder soigneusement ce qu'ils nomment *une conquête de la liberté*, sans voir que le jury des beaux-arts est une consécration de l'arbitraire et le jury criminel une précaution contre lui. Singulière théorie qui fait du peintre un accusé et de l'Institut une garantie de ses droits !

Le jury est une vieille habitude, et rien de plus. Depuis les premières expositions, tout entières livrées à la fantaisie du directeur des beaux-arts ou de l'intendant des Menus, faites pour le roi et chez le roi, la doctrine du bon plaisir a prévalu en cette matière, bien qu'aujourd'hui l'exposition se fasse pour le public et chez le public. Après le caprice d'un seul, on a eu le caprice de quelques-uns; après une tyrannie, une aristocratie; après un homme qui pouvait être un sot, une petite collectivité, un noyau conservateur et académique, impuissant à représenter l'opinion, tout-puissant à la fausser. La révolution de 1848 effaça cette institution; elle fut rétablie pendant la période de réaction qui suivit le coup d'État de Décembre.

Sans faire, ce qui est toujours facile et souvent juste, une question politique d'une question d'art, nous voulons seulement bien établir que les motifs qui ont fait rapporter le décret que les artistes *redemandent*, sont étrangers à l'art, et que si le régime de la liberté n'a pas survécu à l'Exposition de 1849, cela ne tient pas à ce qu'il portât en lui un vice radical, comme on voudrait le faire croire.

IV

Lorsqu'il s'agit d'une décision à prendre sur un intérêt actuel, on doit faire bon marché de la tradition, libérale ou autoritaire. Tout jury nous paraît une entrave dangereuse à l'art. Peu importe que 1848 l'ait brisée, que 1852 l'ait rétablie ! Quand bien même les faits se seraient passés dans l'ordre inverse, notre opinion n'en serait pas modifiée.

Les jurys d'art devraient, par leur essence, et sous peine de se déclarer eux-mêmes impuissants, et surtout injustes, avoir la prétention de juger au nom des lois absolues du beau. Rien ne peut, on le sait, justifier cette prétention. Où donc est le code du beau? Heureusement nulle part. Dans le sein même du jury actuel, quel est le beau de M. E. Delacroix et le beau de M. Signol? Ce n'est assurément pas le même. Les spéculations sur le beau et l'idéal ont leur valeur, leur intérêt; mais, comme en fait de politique ou de sociologie, on doit repousser toute application pratique d'idées hypernaturelles ou révélées, il faut, en matière d'art, repousser tout jury, tout jugement d'un corps spécial, parce qu'il ne peut être prononcé qu'au nom d'un absolu que personne n'accepte, pas même lui.

L'artiste, — quand il a un idéal, — le trouve en lui, dans son intelligence seule, et non dans les règles d'une école quelconque, qu'il apprend et doit connaître, non pas comme un code du beau, mais comme un procédé de travail pour s'en approcher, selon la théorie qu'il en a. Il s'efforce de traduire ses conceptions, et, quelles qu'elles soient, il doit pouvoir faire appel à l'admiration de ceux qui sentent et pensent comme lui. L'histoire a souvent montré comment l'idéal d'un peintre, qui n'était pas l'idéal d'un jury, était devenu celui de la foule.

Un jury qui affirmerait avoir en lui la règle du beau, serait simplement absurde. L'Institut l'a compris : à la façon de cet homme d'esprit qui voulait bien qu'on le fît passer pour un coquin, mais non pour un sot, il a eu peur d'être absurde et n'a pas craint d'être injuste. Il a accepté sa tâche sans avoir une loi d'esthétique qu'il pût appliquer avec régularité ; il n'a pas formulé le code d'après lequel il décrète ses ostracismes ; il ne se sert pas, comme les tribunaux actuels, d'une loi, incomplète, mauvaise parfois, mais la même pour tous, et qu'on a la satisfaction de connaître et l'espérance de voir modifier. Il juge avec ses passions, on pourrait dire avec ses nerfs du jour ; il prononce arbitrairement ses arrêts sans appel, selon l'équité, et la science du droit a depuis longtemps appris ce que valait l'équité comme garantie de la justice et de la liberté : c'est le nom honnête du bon plaisir.

V

On a soulevé, tout récemment, un côté de la question du jury, qui, pour être étrangère à l'art, n'en a pas moins sa valeur au point de vue du droit commun. C'est une théorie, reconnue depuis longtemps, que l'État n'est qu'un mandataire des contribuables : le palais des Champs-Élysées est payé par eux; ils ont le droit de vouloir qu'il soit la maison ouverte à toute œuvre, à tout travail, et non le sanctuaire des élus, des amis et des élèves d'un jury. Le droit d'ostracisme, qu'ils délégueraient tout au plus au suffrage universel des peintres, ils le refusent à la fantaisie ou à l'intérêt d'un corps spécial. Ils paient pour que tous aient place au soleil, pour que tous puissent voir et être vus, et non pour avoir quelque part une galerie de tableaux où peut manquer, en dépit de ses efforts pour y prendre place, tel peintre qu'ils préfèrent à tous.

VI

On a fait grand tapage, en 1849, à l'occasion de toiles ridicules ou inconvenantes. Pour quelques baigneuses qui montraient avec trop de complaisance des formes qu'elles eussent dû chercher à voiler, pour quelques tableaux dont la naïveté était le seul mérite, on a répété de tous côtés : « Voyez où vous en arrivez avec la liberté ! Quel scandale ! quel danger pour le goût ! quelle honte pour les mœurs ! »

Eh quoi ! le peuple français, si spirituel à ce qu'il dit, en serait-il donc là, qu'il admirerait le laid tout d'emblée, et rien que le laid, si une main prévoyante ne l'éloignait de ses yeux ? Ne sait-on pas assez que l'erreur ne triomphe pas longtemps quand la vérité peut se montrer à côté d'elle ? A défaut des critiques accrédités, Cham et Daumier ne sont-ils plus là ? Le bon sens du public s'est affirmé plus d'une fois déjà par de joyeux éclats de rire ; ne le voit-on pas depuis vingt ans passer devant certaines œuvres avec un juste dédain, se hâter devant les tableaux de M. Desgoffes, et s'arrêter devant ceux de Corot et de Daubigny ? L'exposition est libre à Genève depuis quelques années. Au début, les toiles mauvaises ou ridicules abondaient. Devant l'attitude du public, les peintres sans mérite se sont retirés, et l'on dirait, à voir le

Salon genevois, qu'un jugement sévère a précédé l'ouverture des portes, si ce n'est que personne ne se plaint.

Si l'idée d'un grand publiciste que « la liberté se corrige par la liberté » a une application indiscutable, c'est bien dans les questions d'art. Le régime préventif y est une tyrannie qu'aucune nécessité n'excuse ; un mauvais tableau n'a jamais fait de mal à personne ; mais qui dira les honteuses transactions avec la conscience, les désespoirs et les douleurs nés des décisions hâtives et passionnées d'un jury qui examine plusieurs centaines d'œuvres par jour, et n'a pas pour tous les artistes l'impartialité hasardeuse du juge de Rabelais. S'il l'eût trouvée, M. Jongkind eût eu la chance d'être admis à l'exposition en amenant le double-six.

VII

Il est un argument plus sérieux contre la liberté

d'exposition, parce qu'il touche à un sentiment sacré, la sainteté de la famille. Sans avoir de pudeurs effarouchées, assez ridicule dans un siècle qui lit *Auguste* et *Ursule*, nous comprenons que toutes sortes de peintures ne peuvent être affichées devant le public. Pour réprimer l'abus, il n'est besoin que d'une simple loi de police ; un employé quelconque sera plus apte à prononcer sur l'obscénité ou la chasteté d'un tableau qu'un jury tiré d'une académie, préoccupé de la question de personne et même de la question d'art, qui trouve obscène la Vénus de M. Chaplin, et parfaitement convenable la Vénus au miroir de M. Baudry (1859), ou le faune et la bacchante de M. Bonguereau (1861) ou la Léda de M. Galimard (1855). Pourquoi?

Du reste, l'abus se présentera peu. Les artistes ont besoin du public : ils ne chercheront pas à le blesser, à le braver. Avec la liberté, comme sous le régime despotique, les œuvres d'art sans honnêteté, — pas plus que les gens sans moralité, — ne s'exposeront au grand jour, et comme par le passé se vendront sous le manteau. Les peintres, on peut le dire à leur gloire, ont une certaine dignité dans les mœurs de la vie publique, et les Mémoires de Rigolboche ou telle autre honte, trouvent rarement des pendants parmi les œuvres offertes au jugement du jury.

VIII

Le jury, soit qu'il prétende connaître les règles immuables du beau, soit qu'il avoue juger arbitrairement et protéger le goût et la morale uniquement selon ses idées personnelles et ses idées du jour, n'a pas de raison d'être. Mais à défaut d'une réforme radicale qui le supprimerait, on pourrait arrêter quelques abus et satisfaire à de nombreuses réclamations en modifiant sa composition. Nous vivons sous le régime du suffrage universel : le chef de l'État a proclamé hautement qu'à chaque nouvelle élection des Chambres il se retrempait dans cette source sacrée. Pourquoi les artistes sont-ils en dehors du droit commun ? Pourquoi le jury n'est-il pas recruté par le sort, ou choisi à l'élection parmi eux et par eux? Une telle réforme serait insuffisante en principe et aurait encore ses dangers; mais elle satisferait au moins les peintres, qui sont plus directement que la foule intéressés à cette question, si difficile à résoudre sans injustice, si ce n'est par la liberté absolue.

Le jury qui fonctionne actuellement se compose des quatre premières classes de l'Institut. Il est inutile de répéter ici ce qu'on a si souvent et si bien dit des corps se recrutant eux-mêmes, et particulièrement des académies. Ils devraient représenter le *summum* de l'art, de la science, de la littérature de leur temps et de leur pays, et sont toujours en arrière du mouvement de l'esprit public : il n'y a pas d'académie sans quarante-unième fauteuil, et l'Institut n'a pas échappé à cette loi. Serait-il d'ailleurs, par sa composition, assez compétent et assez désintéressé, le jury n'est pas libre. Les membres de l'Institut, les artistes médaillés aux expositions précédentes ou décorés pour leurs œuvres, ont leurs tableaux admis sans jugement. Le jury n'aurait garde de vouloir refuser les ouvrages d'un membre de l'Institut; mais il peut avoir, et souvent à juste titre, envie de repousser de l'exposition les toiles d'un artiste médaillé, et surtout d'un artiste décoré.

Comment se donnent les décorations? Récompense-t-on toujours le mérite de l'œuvre, et non quelquefois le choix habile du sujet? Peu importe; mais personne ne peut admettre que la croix ait la vertu d'empêcher un peintre d'exécuter une mauvaise toile, pas plus qu'on ne peut dire qu'elle ait la propriété d'empêcher un légionnaire de commettre une mauvaise action. Le cas s'est souvent présenté, sans remonter loin. Pourquoi donc, dans un ordre de faits bien différents, M. Aligny, décoré en 1842 pour un bon tableau, ne pourrait-il pas en faire un mauvais en 1861? La chose ne semble pas très-impossible à ceux qui ont vu le Salon.

Quant à la compétence du jury, elle n'est guère plus admise que par lui-même. Le jury se compose de quatorze peintres, huit sculpteurs, quatre graveurs, quatorze membres libres. Une note du livret de 1861, avec une admirable naïveté, apprend que MM. Ingres, H. Vernet, Abel de Pujol, Schnetz, Delacroix et Couder n'ont pas assisté aux séances, non plus que six membres des autres sections. Les jugements ont donc été portés, sur les œuvres de peinture, par huit peintres seulement, sept sculpteurs, sept architectes, trois graveurs et sept amateurs, présidés par un sculpteur! Quelle justice attendre de cet aréopage, de bonne foi à coup sûr, mais inquiété et troublé par des questions de théories particulières, de personnalités ou d'atelier? Tout jury composé d'artistes aura quelques-uns de ces inconvénients : aussi repoussons-nous tout jury. Mais on doit supposer qu'un tribunal uniquement formé de peintres, pourra mieux juger les œuvres des peintres qu'une réunion hétérogène, où les sculpteurs et les architectes ont la majorité absolue. Le suffrage universel ou le hasard porteront à ces délicates fonctions des hommes plus dégagés de toute tradition spéciale et de tout intérêt personnel que les membres de l'Institut, qui presque tous ont une petite théorie du beau et un grand atelier, et ont à soutenir leurs principes par leurs élèves. Qu'est-il arrivé cette année? C'est qu'on assure dans le public que M. Picot a entraîné la majorité des sculpteurs, et que les sculpteurs et M. Picot ont fait recevoir les élèves de ce dernier, en tenant compte des tendances de leur talent, plutôt que de leur talent même. Le fait est-il vrai ? Il suffit pour condamner la façon dont se recrute le jury, qu'il soit généralement affirmé et cru possible et probable.

IX

On dit aux peintres : « Pourquoi vous plaindre ? vous êtes jugés par des artistes : l'art est un ; ses lois sont les mêmes pour les sculpteurs, les architectes et pour vous ; vous êtes jugés par vos pairs et jouissez d'une législation exceptionnellement libérale de nos jours. » Tous les arts se touchent — on peut l'accorder — sur le terrain des principes généraux. Mais le jury ayant récusé toute loi d'esthétique générale, n'a plus guère d'autre mission que d'examiner le plus ou moins d'habilité des procédés dont se sert l'artiste pour rendre ses conceptions sensibles aux yeux ; sur cette question de procédé, les peintres et les architectes, et en général tous les artistes, sont non-seulement différents, mais encore ennemis. Devant le jury actuel, composé d'hommes préoccupés de la ligne et du dessin exact plus que de la couleur et du mouvement, de la science plus que de l'impression, de la satisfaction de l'intelligence plus que de l'enivrement des sens, M. E. Delacroix, s'il avait à y envoyer ses toiles, aurait moins de chance d'être compris et justement apprécié que devant des amateurs sans parti pris, des écrivains, des poëtes, des musiciens. M. Félicien David qui a composé le *Désert*, ou Victor Hugo qui a écrit les *Orientales*, comprendront mieux le talent d'Eugène Delacroix que MM. Ignace Hittorff ou Cicéron Lesueur.

X

A ceux qui disent « qu'en n'acceptant que partiellement les envois d'un peintre, on brise injustement l'unité de son œuvre; » à ceux qui disent qu'il y a petitesse d'esprit et parti pris à écarter du Salon les œuvres de M. Millet, ou à leur entr'ouvrir, à la révision, la porte qui s'ouvre toute grande pour laisser passer M. Yvon et ses régiments; à ceux qui trouvent qu'à dénier une place à Jongkind, — un maître, de l'avis unanime, — il y a erreur de goût, de science, et peut-être quelque chose de plus; à ceux qui assurent qu'on n'arrive à l'exposition que par l'atelier de M. Picot, et que nombre de jeunes gens dénaturent leur talent pour le plier à la manière de ce maître; à tous pour leur fermer la bouche, pour enlever aux gens de mérite toutes justes raisons de se plaindre, et ôter aux impuissants et aux sots tout prétexte de récriminations souvent dangereuses, il n'y a qu'un mot à dire : « Exposez librement vos œuvres, ou, si un contrôle est inévitable, — choisissez vous-mêmes vos juges. »

XI

La question du jury n'est qu'un côté d'une question plus élevée, celle de l'opportunité de l'intervention et de la protection gouvernementale dans l'art. Nous y avons surtout insisté, réunissant, développant et discutant les raisons que l'on a données pour ou contre l'existence du jury, parce que l'ouverture du Salon a remis cette question à l'ordre du jour.

« La gloire artistique est une des gloires les plus précieuses d'un pays : l'art est le couronnement de tout édifice social ; l'État, qui veille soigneusement à la conservation des intérêts matériels, doit veiller aussi aux choses de l'esprit et de l'art. C'est pour cela qu'il a créé une administration compliquée pour les beaux-arts ; c'est pour cela qu'il fait voter des fonds, qu'il organise des expositions, prodigue des récompenses. Remerciez-le. » Ce sont là des phrases que l'on salue comme de vieilles connaissances, pour les avoir souvent entendues à époques fixes, dans de solennelles occasions. Si l'État voulait, dans l'intérêt de la gloire française, monopoliser l'art entre ses mains, où il tient déjà tant de choses ; s'il voulait le diriger dans la voie qui lui paraît la meilleure, le développer selon ses intérêts ou ses théories, on aurait à discuter sa puissance à accomplir cette œuvre et surtout son droit à l'essayer.

Cette prétention, si elle existe chez lui, n'est assurément que théorique, et dans l'ordre des faits tout semble indiquer qu'il ne l'a pas. Au ministère même, les gens compétents regardent les crédits non-seulement comme impuissants à absorber l'art dans l'État, et à le rendre fort et brillant dans l'intérêt de la gloire française, mais même à le faire vivre le plus pauvrement possible. Le décret qui vient d'accorder extraordinairement un crédit de 300,000 francs au ministère d'État, est un aveu de l'insuffisance de ses ressources habituelles. L'État n'a pas en main l'argent nécessaire pour faire de l'art un luxe national ; il peut seulement, grâce à l'autorité morale que l'on accorde, imprudemment peut-être, à son initiative plus qu'à celle des particuliers, aider dans une proportion asse grande au développement des forces artistiques qu sont plus vives en France que partout ailleurs. Le fait-il ?

Sous le règne de Louis-Philippe, le ministère d'État n'existait pas ; les commandes arrivaient aux artistes par le ministère de l'intérieur ; mais bientôt le roi, épris d'amour, comme on le sait, pour les galeries de Versailles, attribua aux nombreux travaux qu'il y fit exécuter, une partie des fonds de la liste civile. De tous les maux qui pouvaient accabler l'art, le plus grand fut d'être aimé et compris comme l'aima et le comprit Louis-Philippe. L'on s'enthousiasma promptement, le roi donnant l'exemple, pour des tableaux médiocres ou mauvais qui célébraient les gloires nationales, et les artistes apprirent et n'ont pas oublié depuis, qu'il n'est pas absolument nécessaire d'avoir du talent pour avoir des commandes à foison.

La révolution de 1848 ne reconnaissant plus de liste civile, le ministère de l'intérieur redevint le seul distributeur des commandes. Le jury fut supprimé ; peut-être les hommes intelligents qui étaient alors au pouvoir songeaient-ils à limiter la protection à l'éducation seule, quand les hasards de la politique les firent rentrer dans la vie privée. Depuis, sans compter l'administration du Louvre, qu'on vient de mettre en tutelle, le ministère d'État fut créé, ainsi que le titre d'intendant des Beaux-Arts de la Maison de l'Empereur.

XII

Les attributions de ces différents pouvoirs ne paraissent pas très-nettement définies, et la protection a, de nos jours, plusieurs sources. — Tout d'abord l'Empereur. — Les commandes qu'il donne et paie sur sa cassette ne regardent en rien le public. De même que la préfecture de la Seine ou les ministères, qui font exécuter des ouvrages chez eux, à la façon d'un particulier, l'Empereur est parfaitement irresponsable devant l'opinion de ses goûts artistiques personnels.

Si l'Empereur influe en quelque chose sur la distribution des commandes du ministère d'État, ce n'est qu'un fait et non un droit; légalement, la source de toute protection officielle, c'est-à-dire exercée par un mandataire des contribuables, est dans le ministère d'État. C'est à lui que les citoyens donnent, par la voie de l'impôt, les moyens de distribuer des commandes; il doit le faire de façon à acquérir pour le public, à fixer à tout jamais en France des œuvres unanimement regardées comme belles et comme devant affirmer et répandre parmi les étrangers la supériorité artistique du pays.

XIII

Est-ce là sa préoccupation dans le choix des artistes auxquels il s'adresse? Les délicates susceptibilités ont tout droit d'être respectées, et les gouvernants doivent être excités à accomplir les œuvres pieuses qui font leur gloire. Les associations charitables, les caisses de secours, doivent, plus qu'elles ne le sont, être encouragées, développées et soutenues ; mais quand il s'agit de la gloire artistique d'un pays, ce ne sont plus des personnes intéressantes qu'il faut chercher, mais des œuvres belles. Les pères de famille, les veuves et les orphelins ont toutes sortes de droits, excepté le droit à la commande, que l'on invoque quelquefois pour eux. Les églises, les palais d'Italie sont des musées pleins de chefs-d'œuvre. Que sont les nôtres ?

Un homme d'une admirable science, Decamps, est mort sans avoir obtenu un pouce de mur à peindre, dans un pays où tel peintre inconnu, pour ne pas dire plus, a badigeonné des mètres carrés.

On assure qu'un jour que l'auteur des cartons de l'histoire de Samson se plaignait de ne pas avoir de commandes, on lui répondit fort nettement « qu'il vendait bien ses tableaux de chevalet, qu'il avait de quoi vivre, et que, par conséquent, la protection officielle n'avait pas à s'inquiéter de lui. » Ainsi, par une déplorable intronisation de la charité dans l'art, cet homme, qui rêvait l'accomplissement d'une œuvre magistrale, dut retourner à ses tableaux de chevalet, qui le faisaient si bien vivre, selon le ministère d'État. C'est ainsi que nous arrivons à rougir devant les étrangers naïfs qui, après avoir admiré les cartons de Decamps, demandent où sont les fresques.

XIV

Le public est convaincu de cette vérité, que l'art est la gloire d'un pays, et que l'avenir sera sévère pour les nations ou les époques qui l'auront oublié. Il confie des fonds à l'État et est prêt à lui en confier encore, non pour monopoliser l'art, car en dehors du danger de ce principe, il faudrait, pour l'accomplir, des millions, et il n'a que des centimes; mais pour aider au développement des grandes œuvres et à l'accomplissement du progrès, qui, là aussi, ne demande qu'à suivre sa marche ascendante. Le ministère d'État répond généralement peu à ce mandat par le choix des artistes auxquels il s'adresse. Le besoin, les convenances, les influences personnelles sont plus souvent invoqués que le talent. Il y répond mille fois moins encore par le choix des œuvres qu'il fait exécuter.

Le ministère a fait, à son usage personnel, une distinction assez subtile entre la grande et la petite peinture. Selon lui, M. Decamps est un petit peintre et M. Landelle un grand peintre. Enivré par les souvenirs de la Renaissance, dont il néglige pourtant la tradition dans beaucoup de cas, il dit à qui veut l'entendre : « Nous sauvons la grande peinture; sans nous la peinture d'histoire et la peinture religieuse seraient déjà mortes. Le public veut, achète, et paie bien les tableaux de chevalet, les sujets modernes, ethnographiques, pittoresques, moraux; mais les martyrs, les apothéoses de saint Louis, les ascensions ne sont plus de mode; personne n'en veut, même au prix réduit où on les livre de notre temps; ce serait un art dont la tradition se perdrait. Rassurez-vous, nous le sauverons. »

Le ministère d'État sauve la grande peinture, tout comme l'Odéon sauve la tragédie. Les pièces de

M. Belmontet, pas plus que les tableaux de M. Viardot, de M. Dubois, ni même de M. Biennoury, n'empêcheront l'art de se transformer pour revêtir de formes nouvelles des idées nouvelles. Tout au plus pourra-t-on entraver cette évolution. S'il veut d'ailleurs rester fidèle à son mandat, le ministère ne doit pas essayer de sauver cette grande peinture qu'il reconnaît lui-même ne plus impressionner la foule et ne plus être du goût de personne.

La peinture religieuse est morte de sa belle mort ; des idées plus scientifiques que les conceptions théologiques catholiques ont envahi tous les esprits. L'histoire, grâce aux maîtres de notre époque, n'est plus une chronique ; elle s'occupe des idées plus que des faits, et les grandes tueries humaines ne sont pour elle qu'un triste accident. L'humanité commence à préférer à la gloire militaire, le devoir, le bien-être, la liberté. Si un industriel ou un artiste établissait une fabrique de chaises à porteurs ou de boucliers, l'État ne serait pas tenu d'acheter pour le compte du public et de lui imposer des objets dont il ne veut plus. La peinture religieuse et la peinture d'histoire, dans leur forme actuelle, veulent exprimer un côté de l'esprit humain qui n'existe déjà plus. Au lieu d'essayer de faire revivre des idées mortes avec une forme conventionnelle, l'État ferait mieux d'encourager la naissance d'une forme nouvelle et d'un art vraiment moderne, que le public appelle de ses vœux, et dont il salue, sans hésiter, les essais même imparfaits.

XV

Ces essais sont rares, dispersés çà et là : quelques artistes, — c'est ainsi que tout progrès s'accomplit, — après s'être avancés bien loin dans la voie nouvelle retournent en arrière. Mais l'esprit public est avec eux, et les quelques œuvres distinguées qui survivront sont certainement nées en dehors de l'influence du Ministère. Il applique sa haute autorité morale, il consacre ses fonds, il prodigue ses facilités de toute sorte, à ce qu'il appelle la grande peinture. Où estelle? Au Salon de 1861 comme à celui de 1859, en dépit des ascensions, des baptêmes et des batailles, les deux œuvres capitales sont deux portraits : *La Femme à l'œillet* (1859), *Le Prince Napoléon* (1861), Quant aux tableaux commandés par le Ministère et exposés en 1859, les voici :

L'Apothéose de saint Louis, par M. Balze.

Le Denier de la Veuve, par M. Baumes.

L'Apparition du Christ, par M. Chancel.

L'Education du Christ, par Mme Laure Chatillon.

L'Ascension du Christ, par M. Dubois.

L'Annonciation, par M. Pichon.

Le Souper libre, par M. Lévy.

Le Paptême du Christ, par M. Rigo.

Le Martyre de saint Sébastien, par M. Soyer.

L'Annonciation, par M. Tissier.

Le Christ et la Samaritaine, par M. Viardot.

La Mort de saint Joseph, par M. Viger-Duvignan.

La Madeleine, par M. Dedreux-Dorcy.

Le Baptême du Christ, par M. Biennoury.

Saint Paul frappé de cécité, par M. Cartellier.

Le Ravissement de saint Vincent de Paul, par M. Lamothe.

L'Offrande à la Sainte-Vierge, par Mme Henriette de Longchamp.

Le dernier Soupir du Christ, par M. Masson.

Enfin, *Jésus au Jardin des Oliviers*, et une *Sainte Famille*, par MM. Duval Le Camus et Pérignon, qui sont, l'un le Michel-Ange et l'autre le Raphaël parmi les peintres du Ministère.

Dans un autre ordre d'idées l'on rencontre :

Le Portrait de M. de Castellane, par M. Bin.

L'Invasion des Cimbres, par M. Garipuy.

Les Portraits de l'Empereur et de l'Impératrice, par M. Gay (miniatures).

La Charge successive par escadrons (cavaliers), par M. Genain.

Le Débarquement de saint Louis à Damiette, par M. Lefebvre.

Une Attaque d'avant-poste, par M. Tabar.

La Rentrée dans Paris de S. A. S. le Prince-Président, au retour de son voyage dans le midi de la France, en 1852, par M. Larivière.

Ces œuvres représentent la peinture religieuse et la peinture d'histoire. Quelles œuvres ! La peinture ethnographique et le paysage ont quelques représentants plus sérieux ; le Ministère d'État a essayé de satisfaire l'opinion en commandant ou en achetant le remarquable tableau de M. Fromentin, *la Rue d'El Aghouat*. Il a cherché à faire oublier à M. Millet les caprices du Jury, et avec une impartialité touchante, il a tendu la main droite à M. Lapito et la main gauche à M. Vilevieille.

Pour MM. Glaize et Barrias, le Ministère n'a pas fait ce qu'il fait d'habitude ; il n'a pas demandé des tableaux à des hommes sans talent : il a offert à l'homme qui, en 1855, exposait une si éloquente protestation contre la force (*le Pilori*), une apologie de la force ; à l'homme qui s'est fait un nom avec une idée philosophique et réellement historique (*les Exilés de Tibère*), il a imposé un tableau de bataille complétement étranger et opposé à la série d'idées où l'artiste avait trouvé le succès. L'épreuve a été décisive, et le public a vu l'influence qu'avait la protection sur les hommes qui l'acceptent. M. Yvon semble s'être chargé d'édifier l'opinion à cet égard : en six ans — c'est bien peu — il a descendu rapidement les degrés qui séparent l'artiste de l'industriel. Sa première œuvre était poëtique, empreinte d'un sentiment qui n'était pas neuf, mais qui était réel ; elle était émouvante par la vérité de certains détails, idéale par l'expression, concentrée en quelques hommes, des sentiments de toute cette armée dont la moitié devait s'endormir dans la neige. En un mot, il y avait composition et c'était un tableau.

La Bataille de Solferino est vulgaire tout d'abord ; nulle composition, nul idéal, nulle vérité. Tout y est de convention et de la plus mauvaise ; la facture même se ressent du manque absolu d'inspiration élevée ; les figures sont couleur de brique ; il n'y a pas de soleil sur les armes, mais simplement du jaune de chrôme ; si le cheval du général Camou se souvient du cheval du hussard (Géricault) et poursuit une pose plus violente encore, le cheval de l'Empereur est en bois, et la figure principale, qui devrait être un poëme, n'est même pas un portrait. Ce n'est ni un tableau ni une photographie coloriée ; c'est quelque chose entre les deux, c'est une commande.

XVI

Cette année, la peinture religieuse a moins de représentants parmi les tableaux commandés. L'analyse en est difficile ; il y a peu de chose à dire du *Saint-Étienne* de M. Balze, de *la Sainte Famille* de Mme Laure Chatillon, du *Mariage de la Vierge* de Mme d'Allemagne, de *la Mort de saint Joseph* de M. David, de *la Tentation du Christ* de M. Lecointe, de *la Vierge et* de *l'Enfant Jésus* de M. Nègre, du *Saint Maurice* de M. Pichon, du *Jésus* de M. Richomme, de *la Notre-Dame de France* de M. Vaines ; ce sont des œuvres médiocres ou mauvaises ; les auréoles des saints sont plus ou moins bien peintes, les draperies bleues et rouges détonnent plus ou moins ; les figures des apôtres ou des vierges à 3 fr. l'heure, sont banales, plates ou ridicules, voilà tout. C'est une question de travail manuel où l'art n'a rien à voir.

Le Saint Remy de M. Maillot semble raconter les

hésitations d'un bon esprit, obligé d'exprimer dans une forme qui n'est pas de son choix des idées puisées en dehors de lui. *La Charité* de M. Nanteuil est une vignette. M. Giacomotti, dont un tableau de chevalet révèle la bonne facture, a peut-être conservé ses qualités dans le tableau religieux que nous n'avons pu découvrir.

Le succès de M. Pils ne gêne en rien notre opinion sur la peinture de bataille ; si son tableau est bon, c'est qu'il ne remplit pas les conditions d'un tableau officiel de bataille qui doit être un document ; c'est un épisode, une étude d'artilleurs manœuvrant une pièce, avec quelques bons portraits de zouaves ou de turcos. C'est une charmante page d'album, dans de très-vastes proportions. M. Jumel de Noireterre serait bien plus, par la composition de ses tableaux, un peintre de batailles, si c'était un peintre.

La commande du Ministère n'a pas ramené chez M. Deveria la capricieuse inspiration qui ne l'a visité qu'une fois. Il a remplacé la richesse et l'harmonie par la profusion et l'étrangeté ; il a sacrifié à des étoffes les personnages si intéressants de son tableau. Si la foule des courtisans et même Isabelle et Ferdinand, ne voient dans la découverte de Colomb qu'un hasard heureux qui excite leur curiosité, leur cupidité et leur sauvage esprit de propagande, le grand homme doit y voir autre chose, lui qui avait déclaré en partant aller chercher la terre nouvelle qui faisait équilibre au vieux monde. Vérité plus grande encore dans l'ordre politique, social et économique, que dans l'ordre physique.

MM. Court et Larivière ont exécuté des portraits de maréchaux, suffisants peut-être comme qualités de peinture, mais sans beauté. Ils ont été amenés par la destination de leur œuvre à considérer le maréchal officiel plus que l'homme, et l'homme est plus intéressant à coup sûr quand il s'appelle Soult. M. Bida, avec son talent habituel; M. Moulignon, M. Dauzats, avec des lourdeurs dans le ciel; M. Labbé, avec des souvenirs de Fromentin, M. Lepoitevin, M. Grenet, M. Desjobert, M. Vacquez, ont exécuté pour le Ministère quelques œuvres généralement intéressantes, si nous exceptons une ou deux toiles d'une désolante faiblesse; mais c'est bien peu pour aider au progrès de l'art que ces quelques tableaux de chevalet à côté des deux toiles où M. Gudin a résumé tous les phénomènes et toutes les colorations de la nature.

M. Flandrin est un homme de talent, M. Aligny est un homme sans talent, qui tous deux persistent dans une erreur — le culte du paysage prétendu historique parce qu'il n'est pas vrai — erreur où le Ministère les encourage indistinctement à persévérer.

XVII

Voilà les résultats obtenus par le ministère d'Etat en voulant empêcher de mourir un genre faux, et en faisant faire de la grande peinture par de petits peintres. Les partisans de la liberté n'ont pas à se préoccuper, dira-t-on, de la protection que l'État donne à quelques artistes ; ils n'ont qu'à la regarder comme non avenue, puisqu'elle n'est pas imposée; qu'importe à l'art et à son avenir que M. Balze peigne un martyre de saint Étienne ; c'est un mauvais tableau et rien de plus.

Ceci serait vrai d'un particulier, mais ne l'est pas de l'État. Son intervention dans l'art n'étant pas éclairée, est dangereuse. Ce n'est pas avec quelques milliers de francs qu'il pourra matériellement engager tous les peintres dans sa voie ; de riches amateurs achètent et commandent des tableaux pour des sommes considérables, sans qu'on ait à leur demander compte de leurs goûts ; mais l'État a une incontestable influence morale dont il doit compte : elle est rétrograde et funeste, les faits l'affirment : il doit l'abandonner; car à moins d'accepter la plus dangereuse des théories, la pureté des intentions n'arrête pas la responsabilité des faits.

Le Ministère n'a pas à répondre directement de tous les mauvais tableaux de batailles ou de religion qui tapissent les murs de l'Exposition : il ne les a pas tous commandés ; mais les artistes s'engagent dans cette voie parce qu'ils savent que c'est la sienne ; ils ont sous les yeux les tableaux officiels et leur intérêt les pousse à regarder comme des modèles des œuvres qui devraient être pour eux des exemples à éviter. Combien n'en voit-on pas peindre un tableau qui, par le choix du sujet, ne peut convenir qu'à l'État, faire des avances pour se procurer des documents ou des modèles, et forcer ainsi la main au Ministère qui finit presque toujours par exaucer leur demande? C'est ainsi que les artistes sont encouragés à quitter la voie sévère de la vérité et de l'étude, pour entrer dans une convention dont ils se moquent peut-être au premier tableau, et d'où ils finissent par ne plus pouvoir se dégager.

XVIII

D'ailleurs les crédits du Ministère, illusoires ou dangereux quand il s'agit de protection, seraient peut-être suffisants s'ils étaient en entier reportés sur l'éducation à donner aux artistes. Si des écoles sans-parti pris et sans exclusivisme étaient ouvertes à la jeunesse ; si au lieu de l'École de Rome, qui n'a donné jusqu'à nos jours aucun résultat, on avait l'école du monde ; si les artistes de bonne volonté pouvaient à leur gré aller chercher les maîtres ou les pays que leur nature les pousse à aimer, Velasquez ou Rembrandt tout aussi bien que Raphaël ; l'Inde et l'Amérique, qui nous sont presque inconnues et où l'avenir nous appelle, au lieu de la campagne romaine dont nous connaissons intimement jusqu'au dernier *Pifferaro*, l'État serait parfaitement dégagé de toute obligation vis-à-vis de l'art. Si son enseignement était éclairé et libre de toute convention, il n'aurait pas à se préoccuper des impuissants qui n'en profiteraient pas ; les peintres qui ne vendent pas leurs tableaux rentreraient dans la catégorie des industriels qui ne font pas bien leurs affaires, et que l'État — la question d'assistance publique étant réservée — n'a pas le devoir de secourir ou de protéger, puisqu'il leur a donné tous les moyens et leur laisse toute liberté de réussir.

Tant que l'éducation des artistes par l'État ne sera pas modifiée, la protection ne pourra pas l'être. Un jeune homme se présente maintenant plein d'ardeur et de courage ; on lui met en main un crayon et un modèle sous les yeux ; il réussit dans l'imitation de l'antique ; son goût s'éveille ; il s'éprend d'amour pour Rembrandt ou Velasquez : « Je voudrais, dit-il, étudier ces maîtres. » « Ce sont de grands artistes, répond le Ministère ; il y en a des tableaux au Louvre ; mais commencez par Raphaël. » Le jeune peintre est envoyé à Rome ; on lui impose là une convention qui ne plaît plus au public ; on lui refuse l'entrée des expositions s'il s'en écarte. Quand il possède cet art que l'État lui enseigne comme étant la vérité, il s'aperçoit que la masse du public n'en veut plus : il ne vend pas ses tableaux et s'il n'a d'autre fortune que son talent, connaît le besoin. C'est alors que l'État, moralement engagé par l'éducation qu'il lui a donnée, lui accorde de temps à autre des commandes pour le faire vivre. Il vaudrait sûrement mieux que l'État apprît aux jeunes gens un art vivant et moderne et les abandonnât ensuite à leurs propres forces, que de leur donner des tableaux à faire pour les dédommager des justes rigueurs du public.

Au lieu de faire du droit d'exposition la récompense du talent et de donner des tableaux à peindre aux artistes de bonne volonté qui réussissent peu, il serait plus juste, en supprimant tout jury, d'ouvrir les expositions, sans tenir compte du résultat obtenu, à tout homme qui travaille et s'efforce : il vaudrait mieux, dans l'intérêt de la gloire nationale, faire élire par le suffrage universel des artistes une commission, chargée de distribuer les travaux aux plus dignes : le Ministère, incompétent en fait d'art, n'aurait d'autres attributions que de faire connaître les travaux à exécuter et de payer leur accomplissement. Enfin, au lieu de faire vivre les impuissants, il faudrait, en remplaçant l'École de Rome par une école siégeant à Paris, et envoyant des élèves où ils voudraient aller, donner à tous le moyen de développer leurs aptitudes. Avec de telles réformes qui sont depuis longtemps désirées, l'art suivrait rapidement la marche ascendante du progrès, et cesserait d'hésiter devant l'avenir et de se réfugier dans le passé.

XIX

On répète tous les jours que notre époque n'est pas artistique, que le progrès industriel social ou scientifique préoccupe seul les esprits. Il n'en est rien. Les facultés de l'homme ont intérêt et ne demandent pas mieux que de se développer toutes ensemble, se complétant l'une par l'autre : le nombre des peintres augmente chaque jour; les tableaux sont fort à la mode, et le public a pour les artistes des admirations et des caresses qui vont parfois jusqu'à l'exagération. Cependant les œuvres vraiment grandes font absolument défaut.

Cette atonie de l'art vient de sa croyance en la protection ; les artistes ont presque tous pour but d'obtenir des commandes, et pour arriver au but, ils acceptent le moyen, la convention de l'École de Rome, ou la convention de la peinture de bataille.

La faute n'est pas tout entière à l'État ; il a le tort d'être corrupteur par son éducation et ses promesses ; les artistes ont celui, plus grand encore, de se laisser corrompre. Ils oublient que c'est à eux de faire le goût, et que s'ils doivent regarder comme seul juge le public, c'est parce qu'une œuvre véritablement belle s'impose à tous. S'il faut être sévère pour ceux qui flattent les tendances rétrogrades du Ministère ou ses tendances anti-artistiques, en exécutant sans foi et sans conviction des peintures de religion et des peintures de batailles, il faut être également sévère pour ceux qui cherchent le succès en flattant les instincts niais ou grossiers du roi-public, pour ceux qui suivent la foule et n'essaient pas de la conduire.

Ce n'est pas ainsi que les artistes avaient compris leur mission, au temps éternellement glorieux de la Renaissance. Les peintres étaient, — qu'on nous permette un mot dont on a abusé, — des initiateurs, presque des apôtres. Ils faisaient l'opinion, menaient leurs contemporains par la main et les faisaient marcher à l'avenir. Esprits supérieurs en toutes choses, ils connaissaient et cherchaient à satisfaire tous les besoins de leur siècle; ils s'inspiraient de toutes les grandes idées, les développaient, les transformaient, et les léguaient à l'avenir sous une forme éternelle. Leurs œuvres étaient l'affirmation de tout progrès moral, scientifique, sous sa forme sentimentale, matérielle, charmante. Raphaël n'était certes pas un pratiquant accompli; mais c'était un croyant; et s'il a rendu en des pages merveilleuses l'idée de la grandeur de l'Église et de la Papauté, il y croyait et les aimait. Fra-Angelico priait devant ses madones et faisait ses paradis suaves, recueillis à la fois et inondés de lumière, parce qu'il espérait y entrer. Léonard de Vinci cherchait toutes les formes de l'idée de son siècle, depuis le tableau jusqu'au théorème. Michel-Ange lisait la Bible pendant dix ans avant de peindre le Jugement dernier, et, comme Dante, croyait à l'enfer, où il descendait en rêve. Même au dix-septième siècle, Salvator Rosa savait ce qu'il voulait quand il mettait aux prises les chevaliers et les manants.

Ce qui frappe le plus au Salon, c'est le manque de tout sujet ayant une valeur morale. Il semble que la science moderne soit, dans son ensemble, inconnue aux artistes. Ils paraissent marcher dans la vie, isolés comme les prêtres, par exemple, par le culte d'une convention passée. La peinture religieuse est sans foi, la peinture d'histoire n'est vivifiée par aucune grande idée de liberté ou de progrès. La peinture de genre, avec quelques bonnes pages, se perd dans des mièvreries bourgeoises par lesquelles les peintres flagornent le public, et dans une imitation surannée des Flamands. Il n'y a guère d'art consciencieux que parmi les paysagistes.

La peinture religieuse du passé est morte, et la science sociale qui inspirera un jour les artistes, encore vague dans ses formules, leur paraît étrangère. Le sentiment de la liberté et de la dignité humaine, sans lequel il n'y a pas de peinture d'histoire, s'est affaibli. L'amour de l'humanité, qui fera la peinture de genre, est à peine éveillé chez quelques privilégiés : L'amour de la vérité est presque partout remplacé par la tradition académique, réaliste ou romantique. Le paysage seul est en pleine floraison ; car aux époques douloureuses de transition, l'amour de la nature prend le cœur de l'homme. Fatigué de l'homme, il va se retremper, s'isoler, s'absorber en cette contemplation de ce qu'on nomme Dieu, sous sa forme la plus immuable et la plus palpable, et revient de là, en ses fils, plus fort et plus brave pour l'action. Après les rêveries de Corot, nous aurons Michel-Ange, comme après les promenades du mélancolique Rousseau, nous avons eu les hommes de la Convention.

Les formules anciennes sont épuisées ; de nouvelles idées attendent de nouvelles formes ; de grands philosophes, de grands poëtes ont ouvert la voie aux peintres; le moment est près pour une Renaissance. L'État peut la hâter; qu'au moins il ne l'entrave pas par une éducation mauvaise et par une protection donnée aux vieilles choses, dont dix ans de pouvoir ont dû lui apprendre à se méfier. Le gouvernement impérial s'est, dit-on, associé franchement à la science moderne; qu'il s'associe à l'art moderne; qu'il le laisse au moins naître librement. S'il est jaloux du jugement de l'avenir, qu'il regarde ses peintres et ses poëtes: la Renaissance se serait faite sans les Médicis; pourtant les générations suivantes, oubliant leur politique, leur ont conservé le nom de *grands*, pour leur avoir tendu la main.

Paris, 10 mai.

FIN.

www.ingramcontent.com/pod-product-compliance
Ingram Content Group UK Ltd.
Pitfield, Milton Keynes, MK11 3LW, UK
UKHW021944260726
13994UKWH00004B/1525